A Kalmus Classic Edition

Isaac
ALBENIZ

COLLECTED WORKS

VOLUME II

For Piano

K 09479

Barcarolle Catalane.

I. ALBENIZ.

"Sérénade Espagnole," in D♭

I. ALBENIZ.
Op. 181.

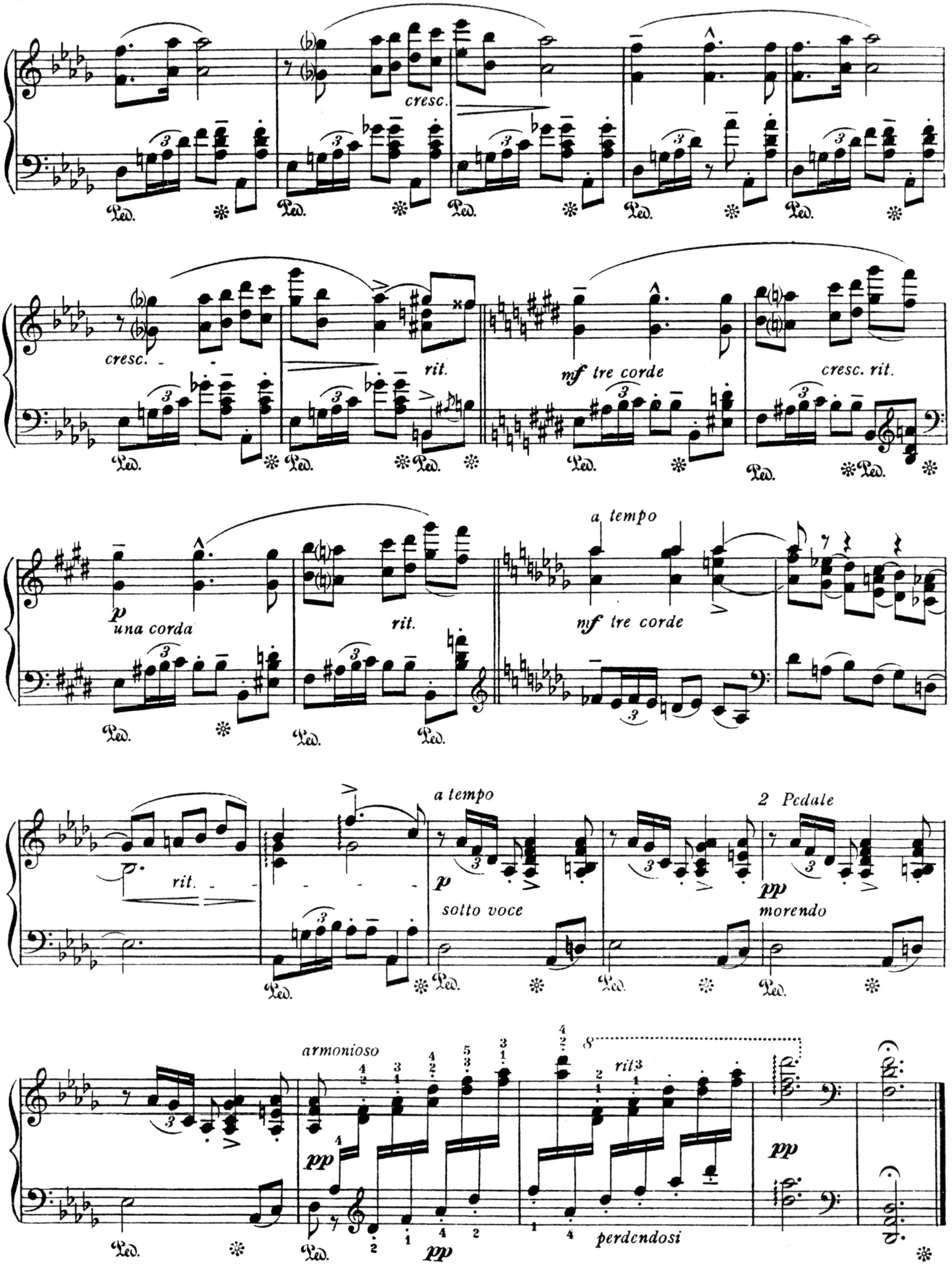
cresc.
cresc.
rit.
mf tre corde
cresc. rit.
p
una corda
rit.
a tempo
mf tre corde
rit.
a tempo
p
sotto voce
2 Pedale
pp
morendo
armonioso
pp
rit
perdendosi
pp

CADIZ-GADITANA.

I. ALBENIZ.

Al Excmo. Sr. D. Jose de Cárdenas

TROISIEME SUITE ANCIENNE.
Nº 1.
MINUETTO.

Isaac Albeniz.

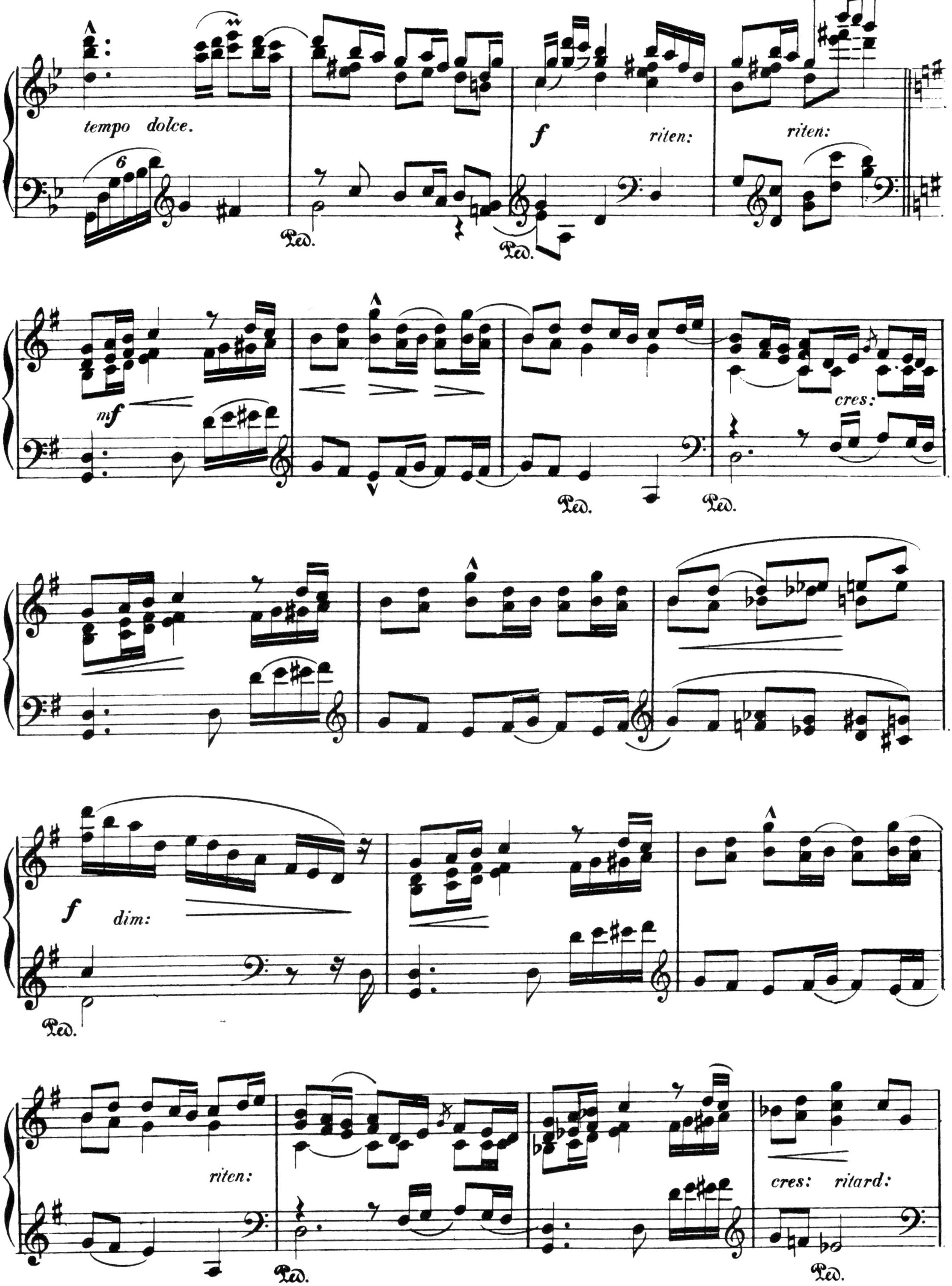
tempo dolce.
f
riten:
riten:
mf
cres:
f
dim:
riten:
cres: ritard:
Ped.

D.C. al 𝄋 hasta FIN.

A la Exma. Señora Doña Josefa Zulueta de Romero Robledo.

RAPSODIA CUBANA

Ob: 66.

Isaac Albeniz.

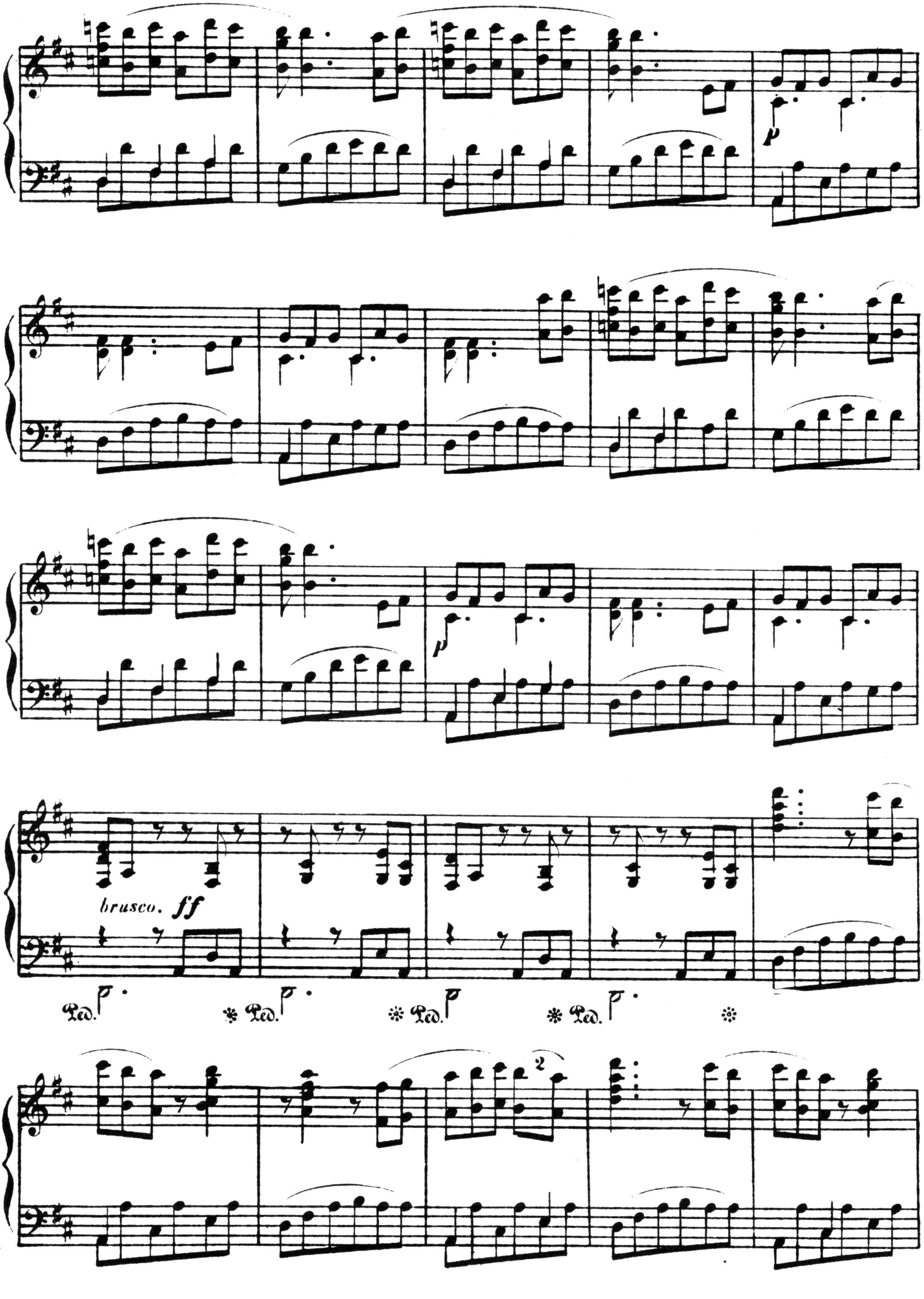
p
p
brusco. ff
Ped.
* Ped.
* Ped.
* Ped.
*
2

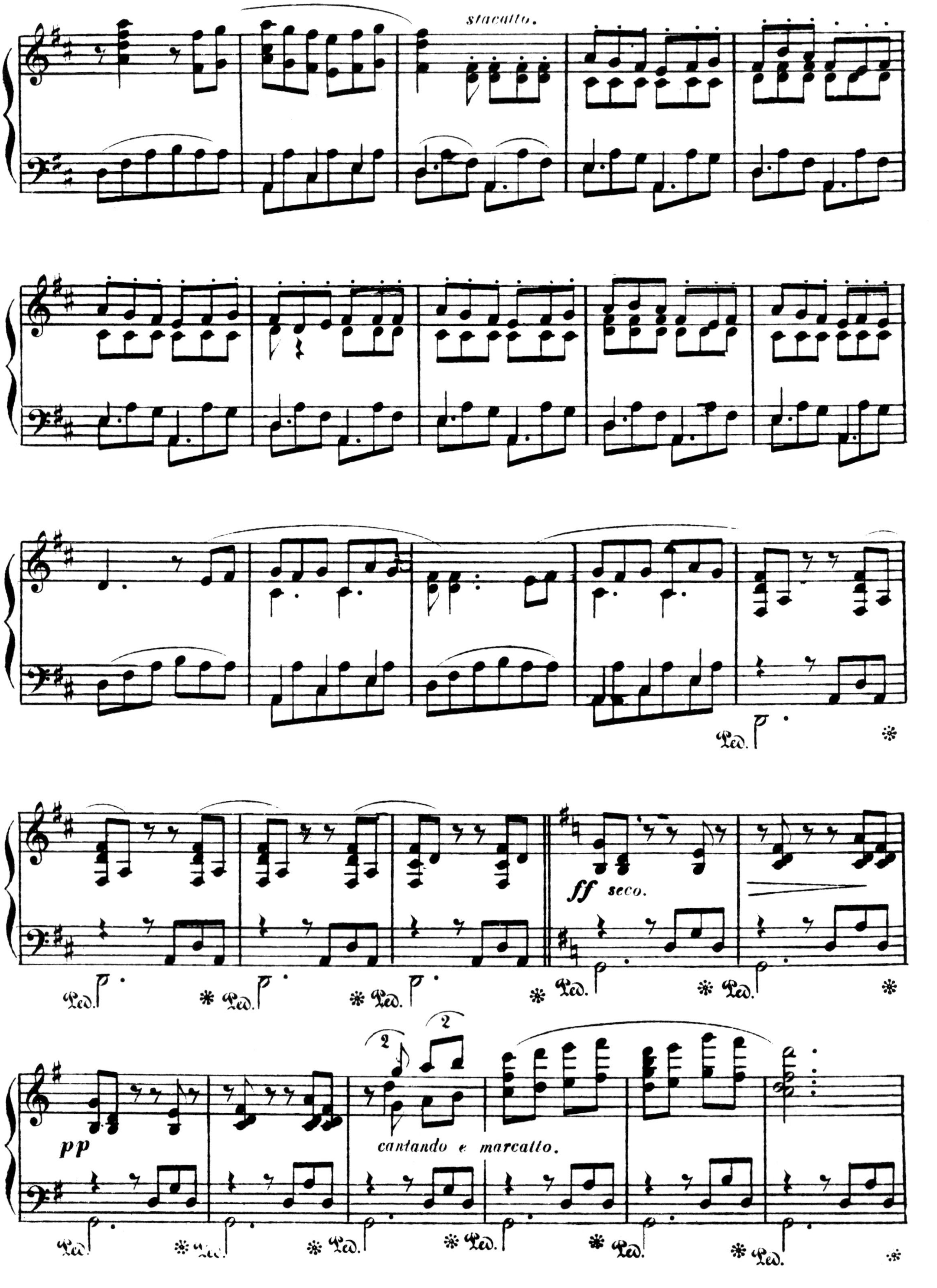
stacatto.
Ped.
ff seco.
pp
cantando e marcatto.

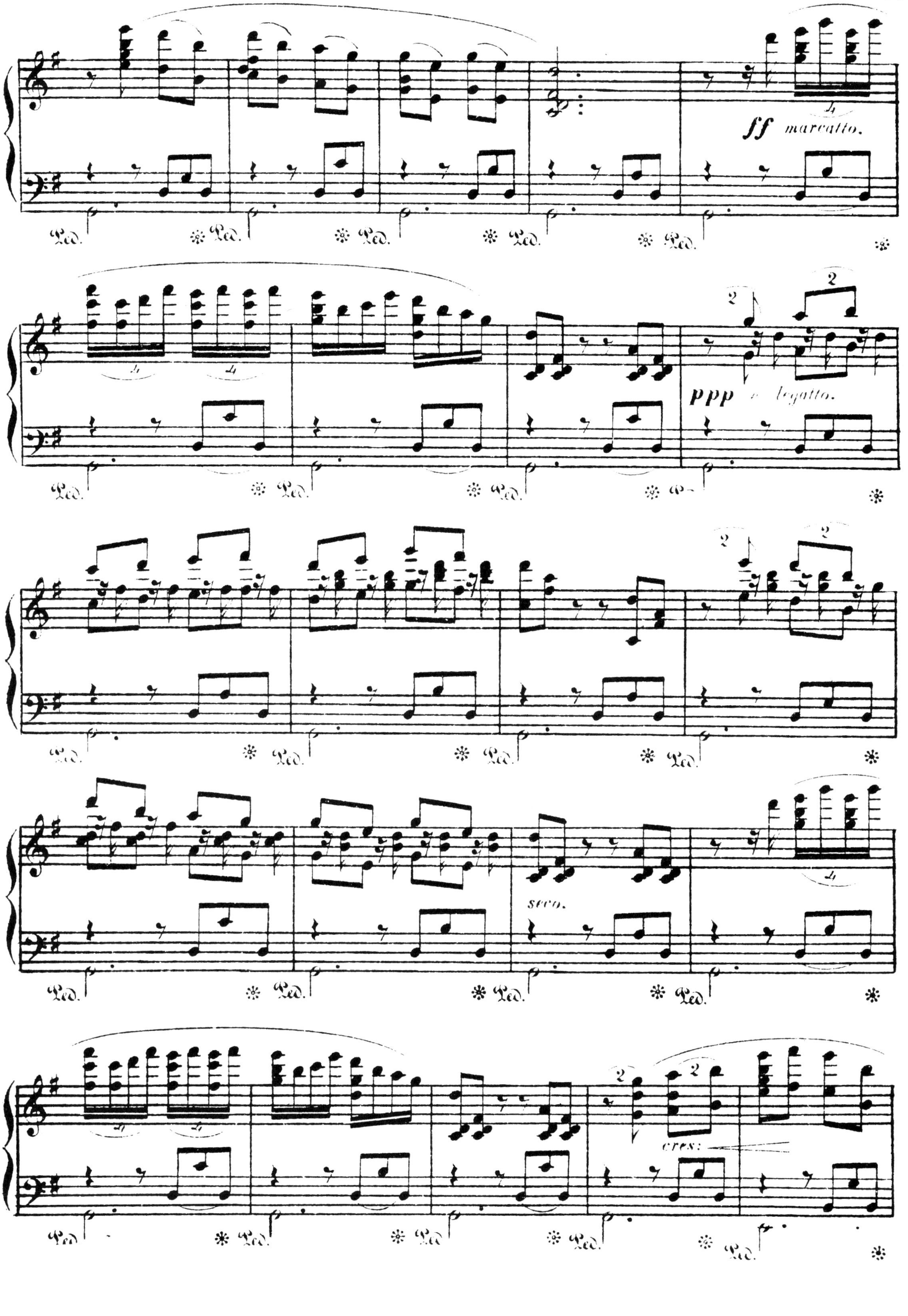
ff marcatto.
ppp e legatto.
secco.
cres:
Ped.

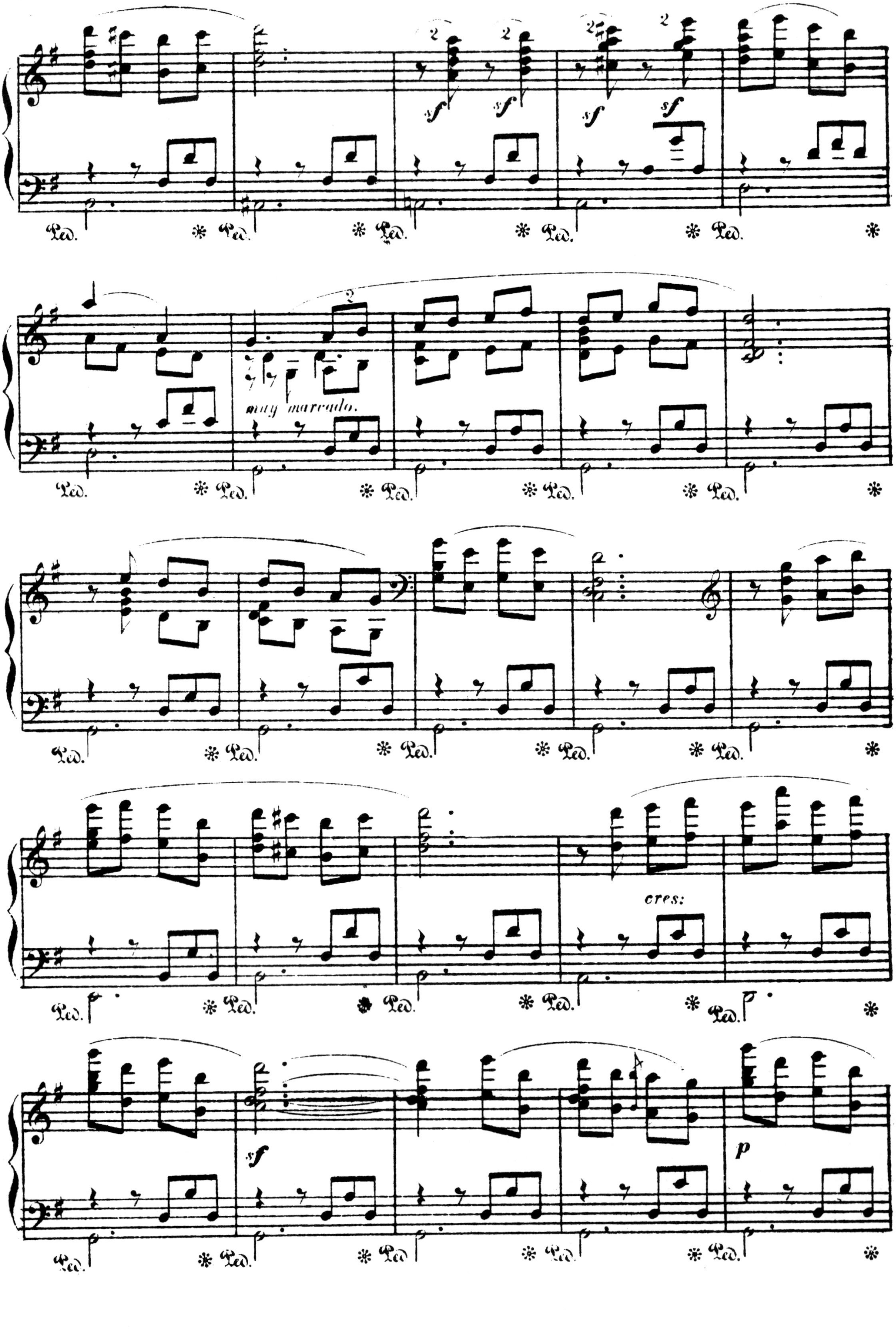
sf
Ped.
muy marcado.
cres:
p

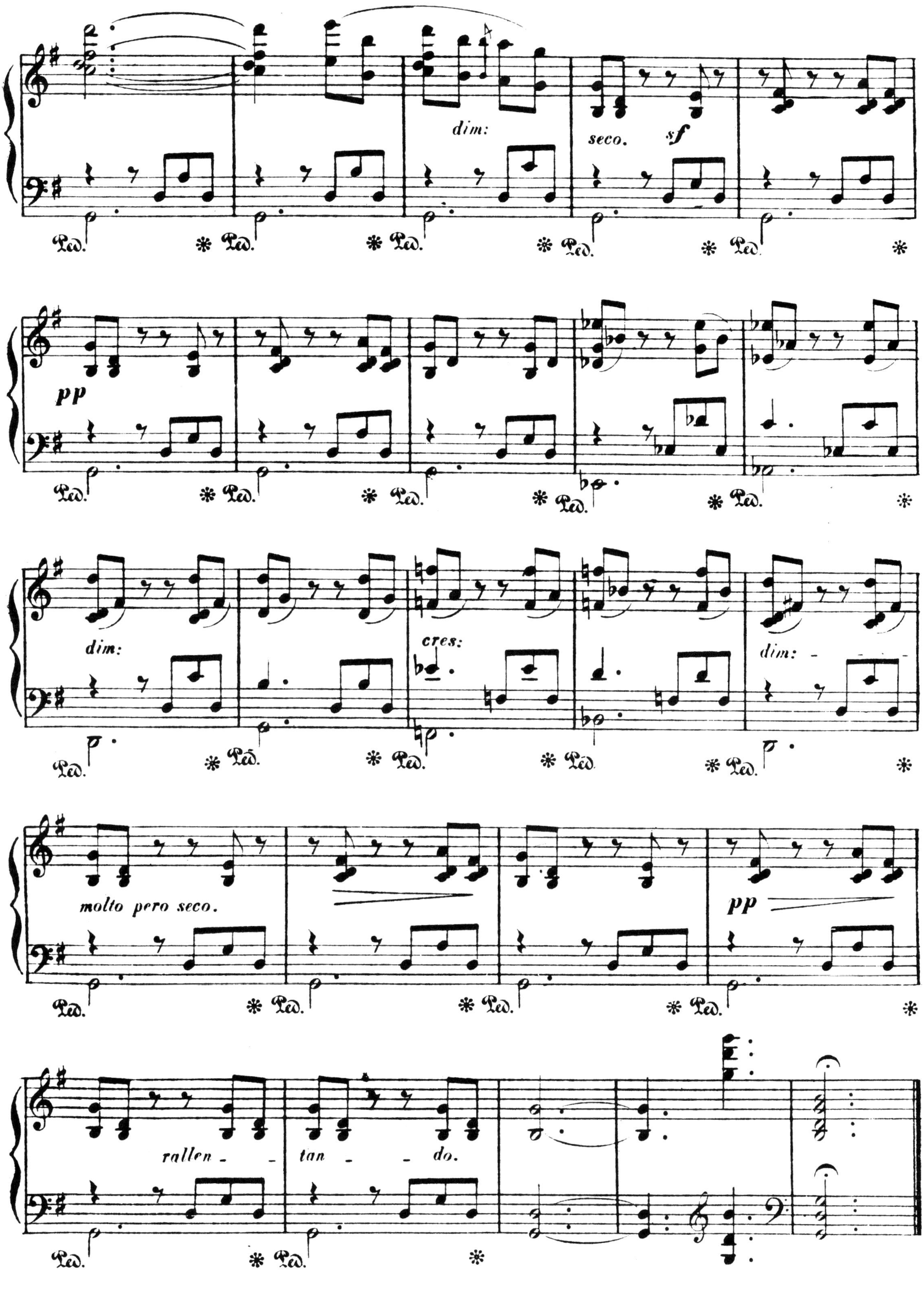
dim:
seco.
sf
Ped.
*
pp
dim:
cres:
molto pero seco.
rallen - tan - do.

A Monsieur le Comte Solms.
RESPECTUEUX HOMMAGE.

ESTUDIO IMPROMPTU

Isaac Albéniz.

41

42

43

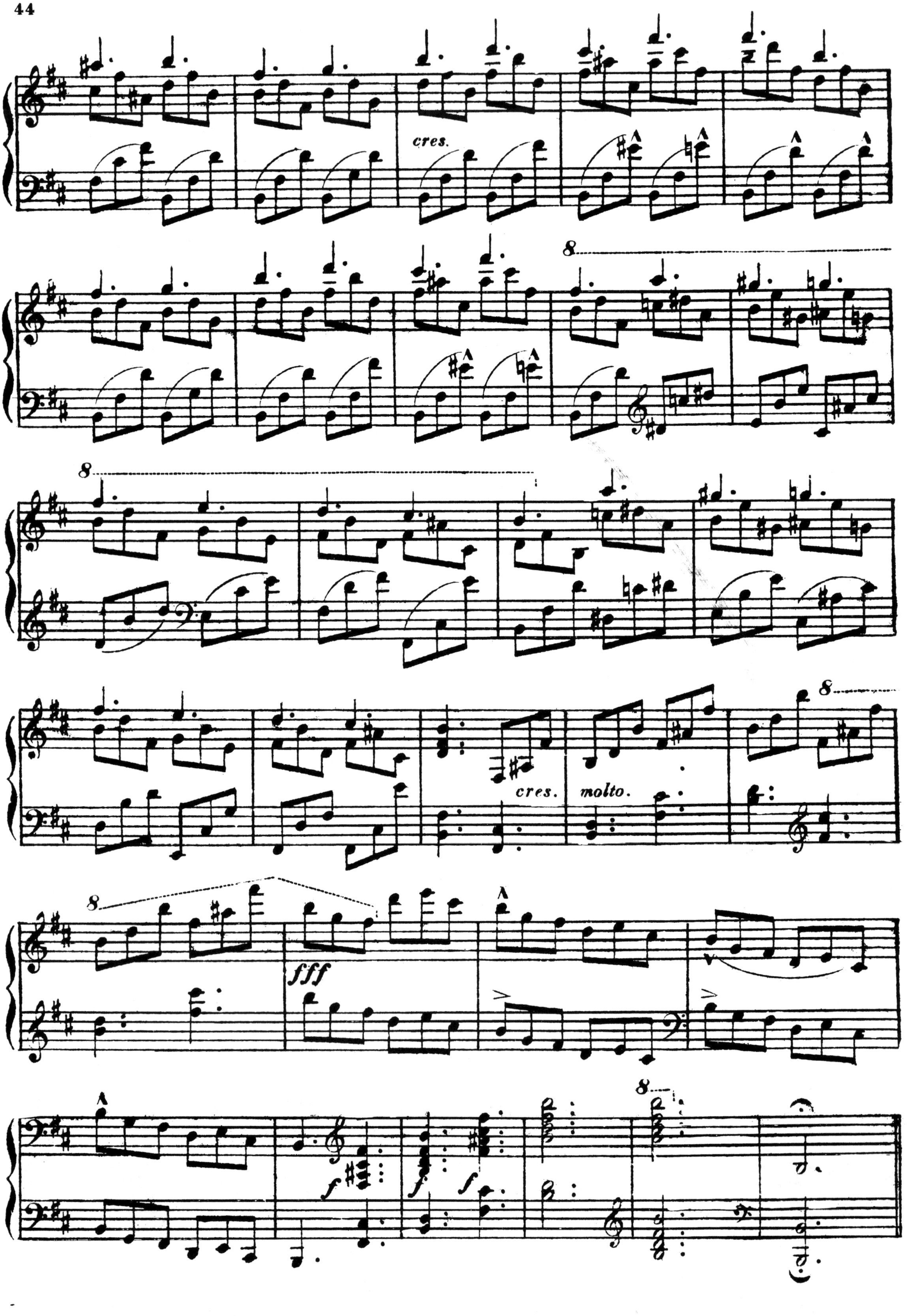
cres.
8
8
cres.
molto.
8
8
fff
f
f
f
8

Poco menos.

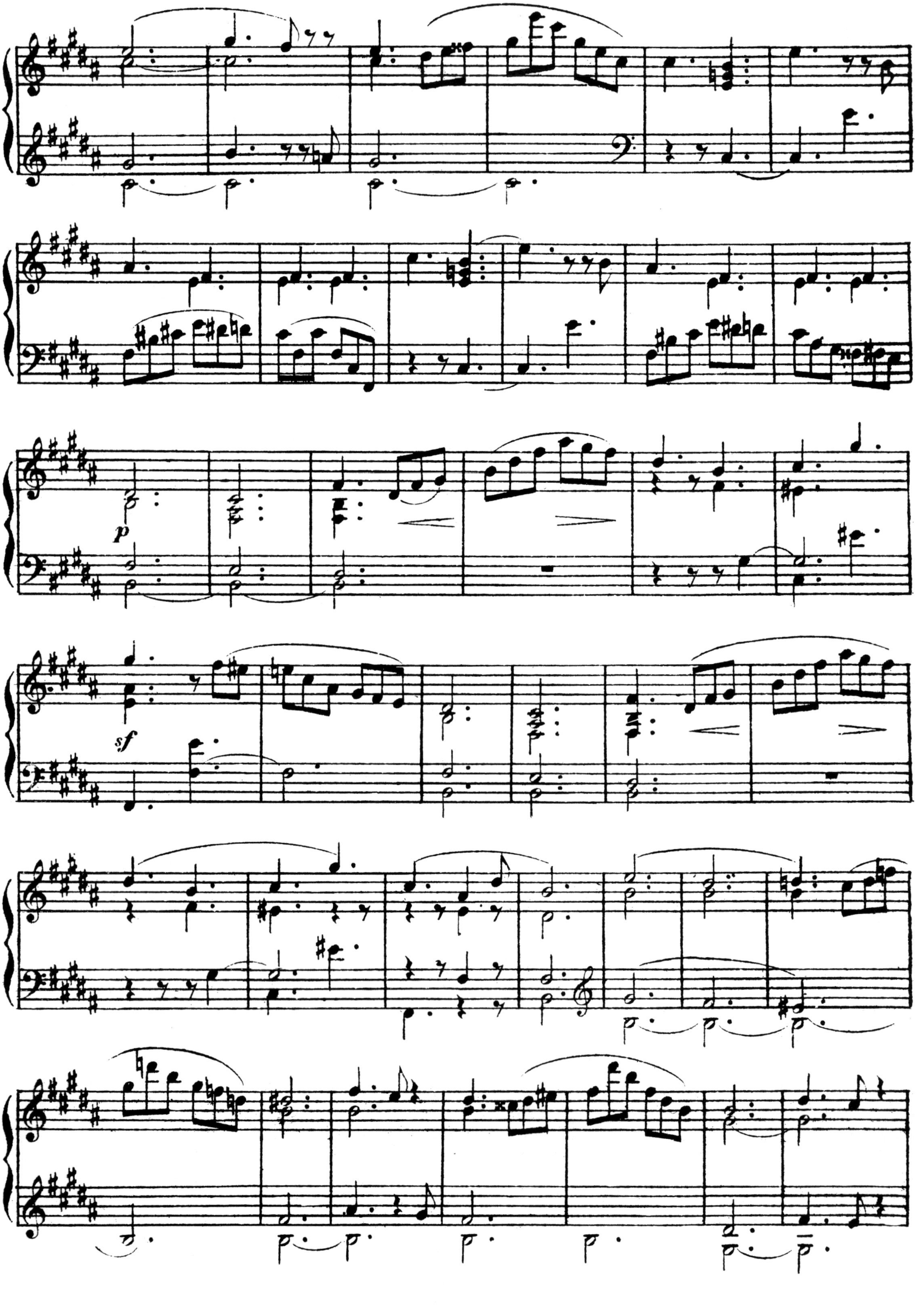
p
sf

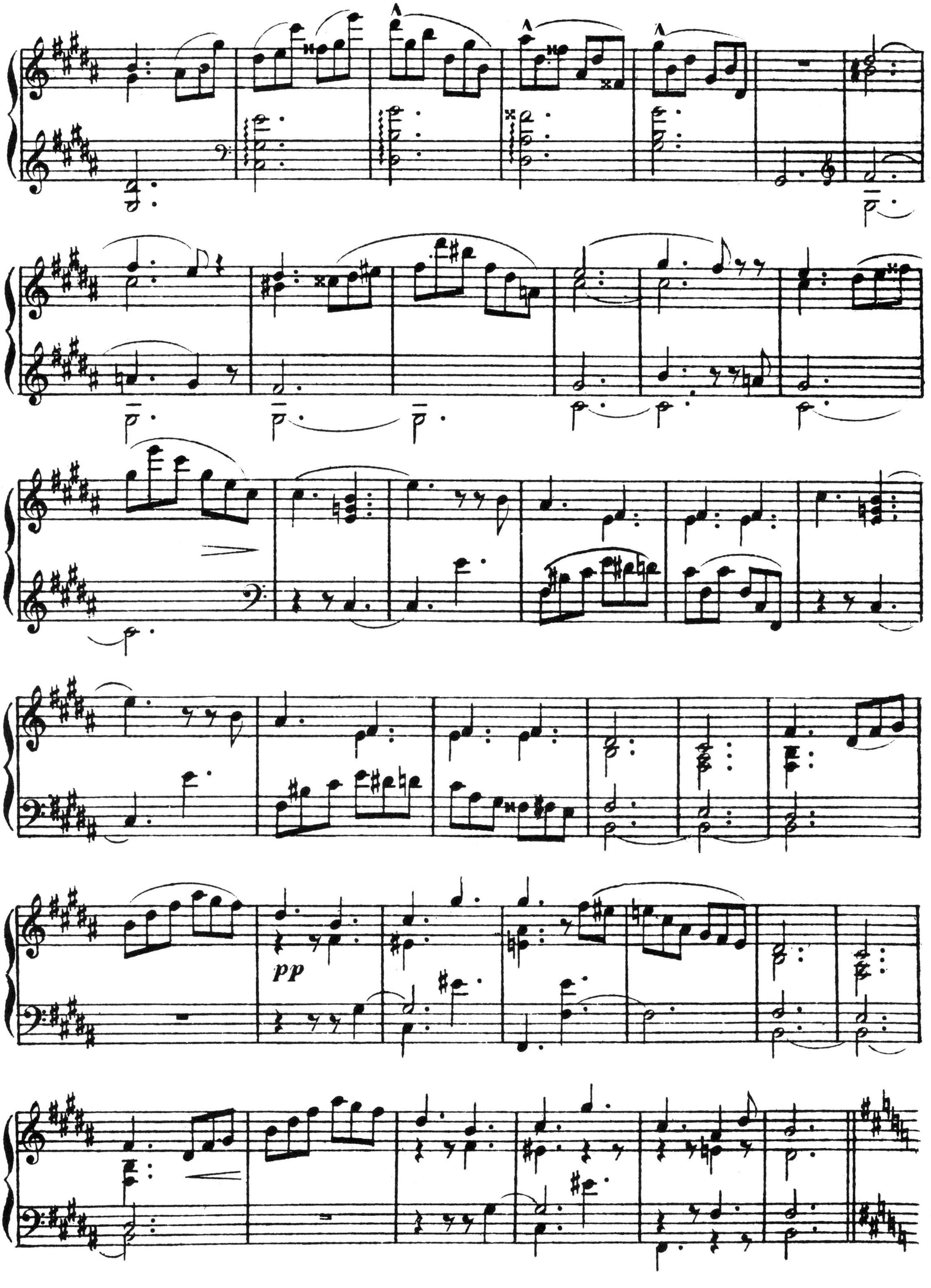
pp

Iº tempo

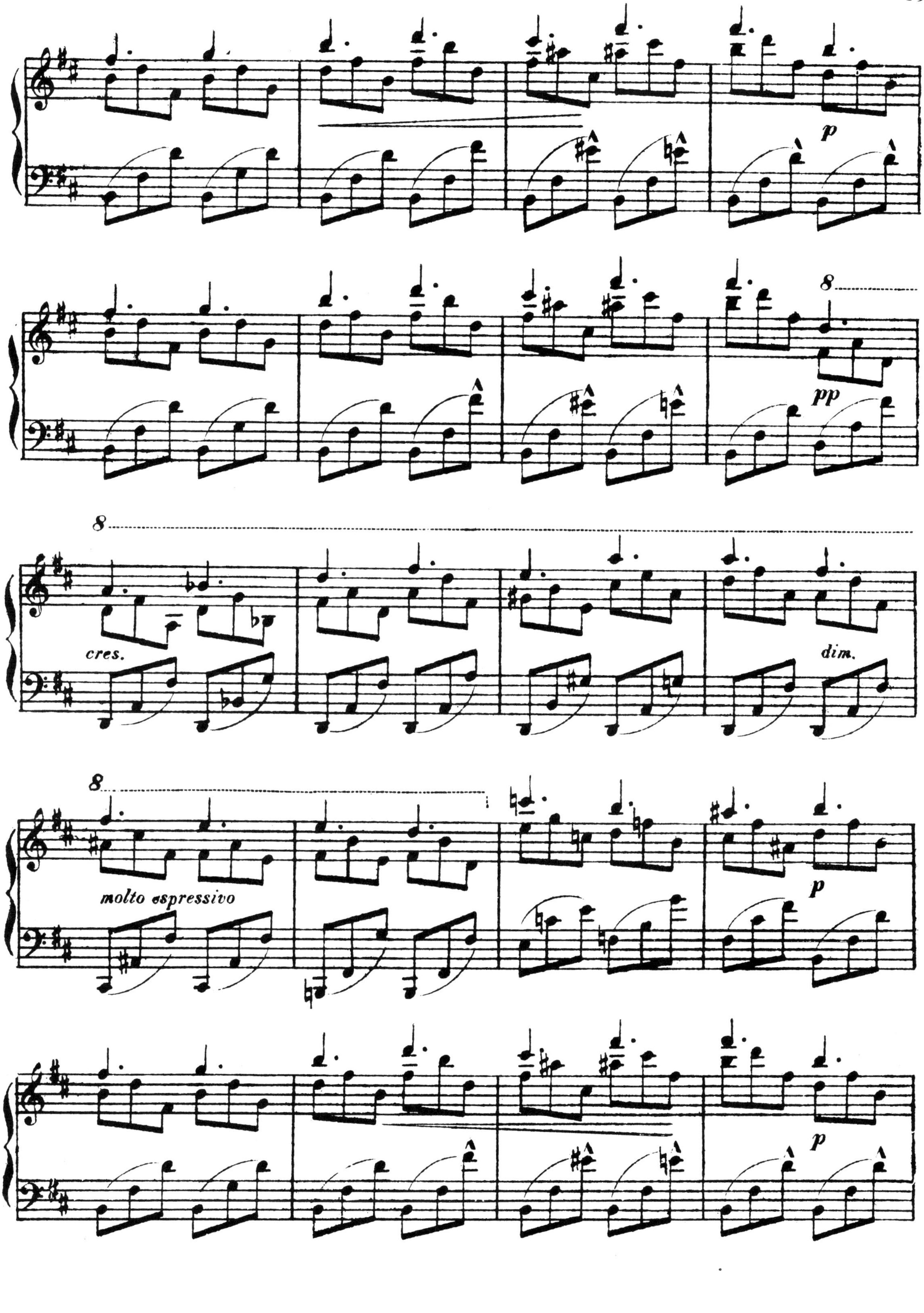
p
8
pp
8
cres.
dim.
8
molto espressivo
p
p

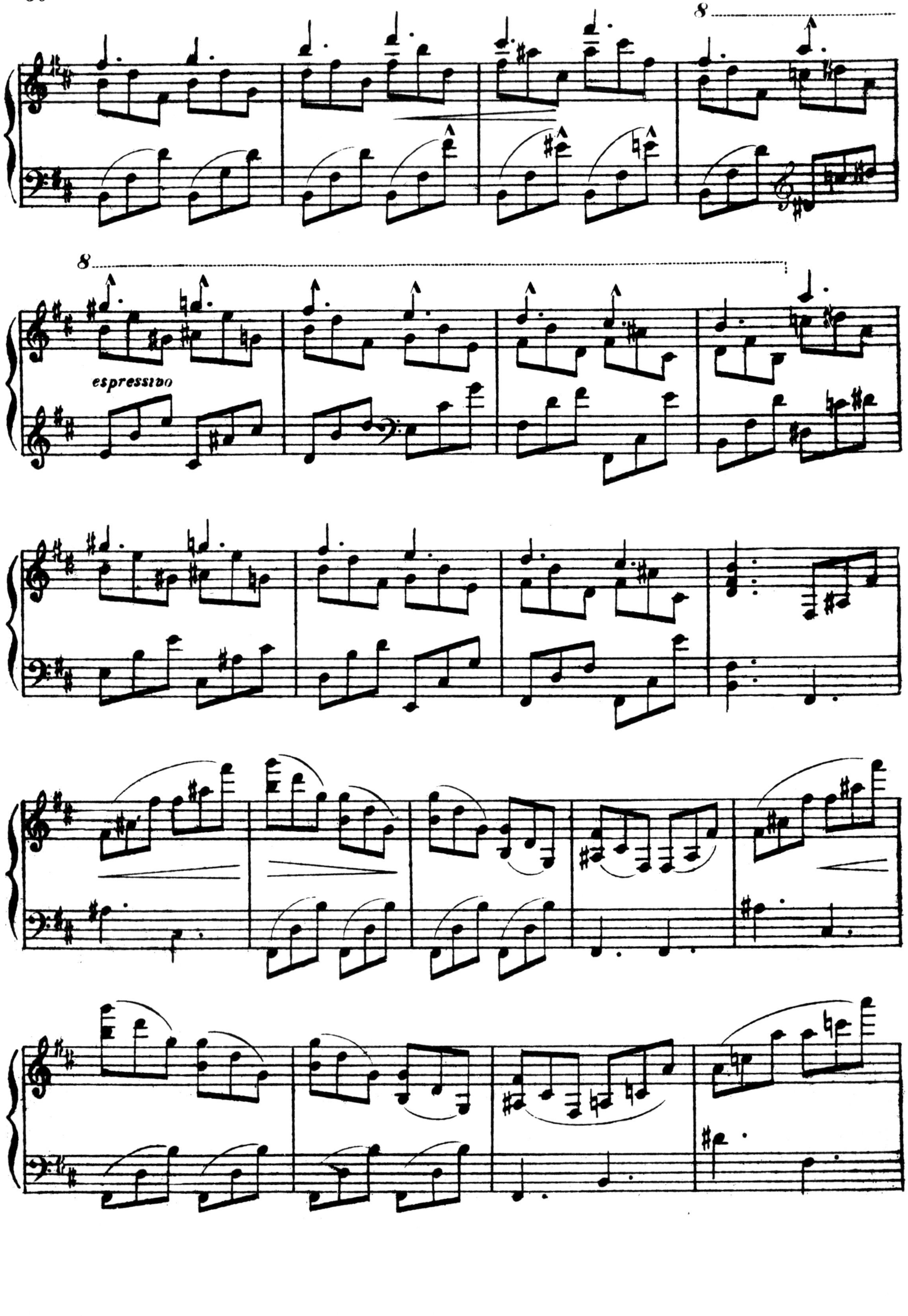
8
8
espressivo

51

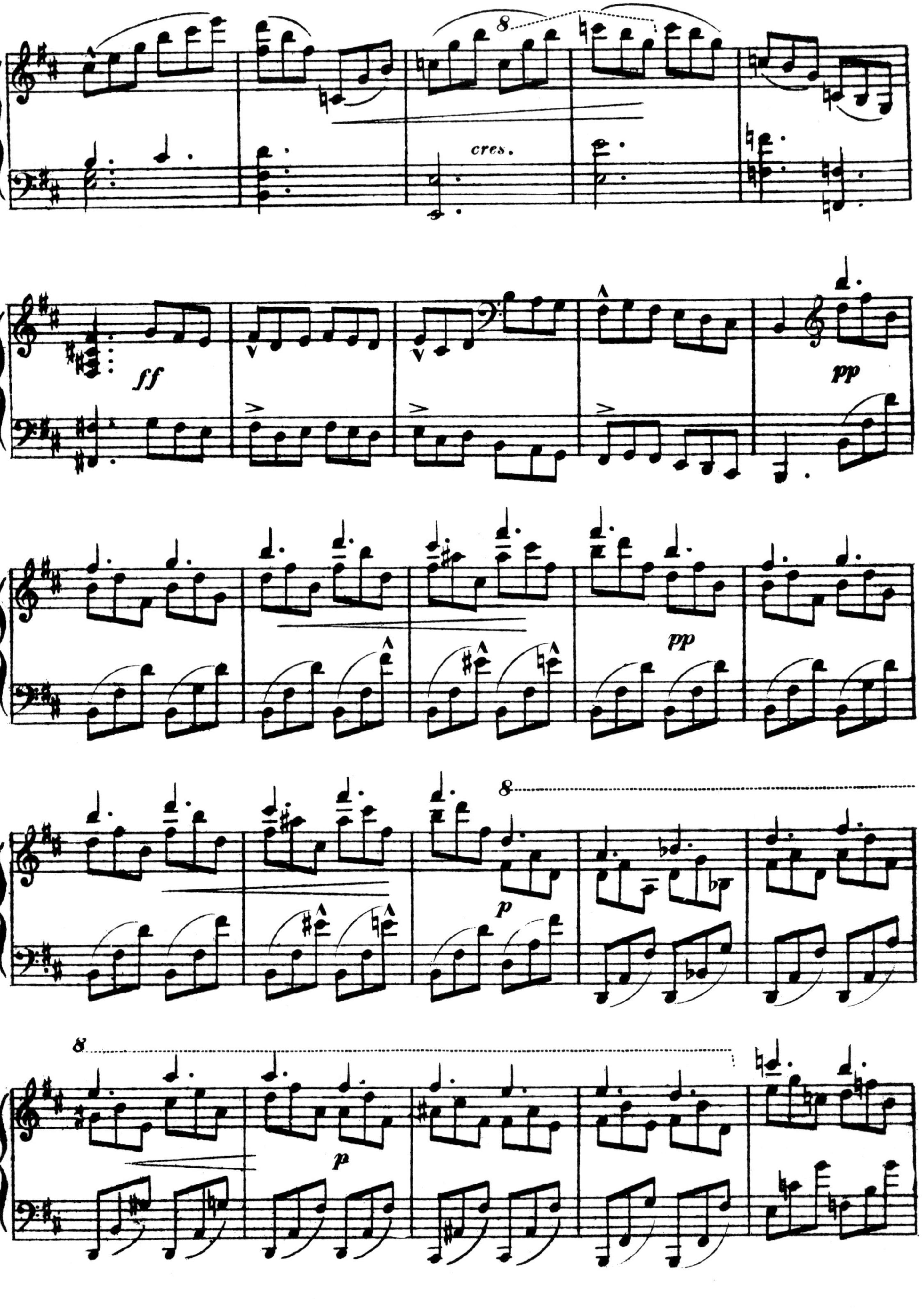
8
cres.
ff
pp
pp
8
p
8
p

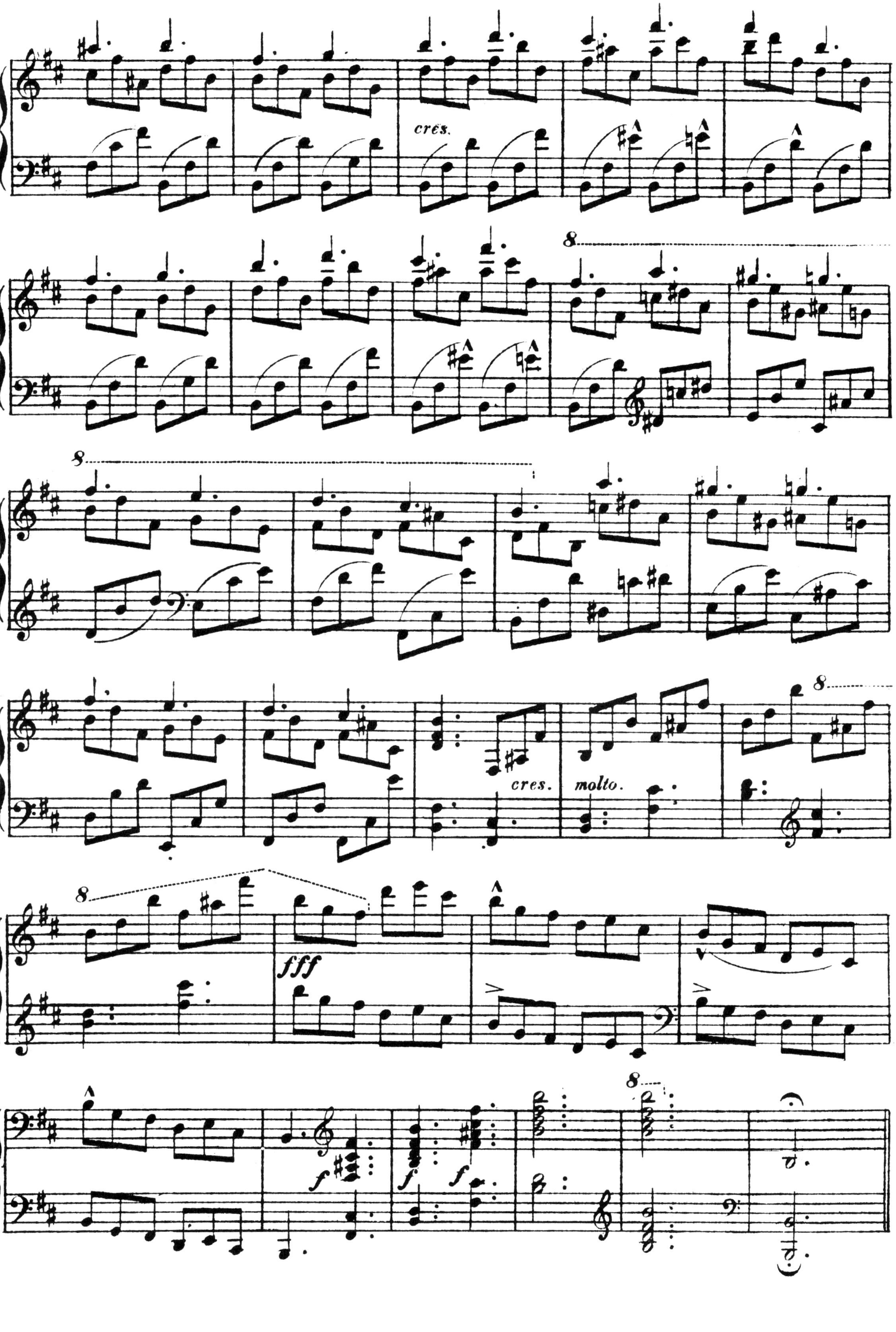
cres.
8
8
cres.
molto.
8
8
fff
f
f
f
8

TORRE BERMEJA

I. ALBENIZ

(SERENATA)

PIEZAS CARACTERISTICAS, op. 92 - N. 12

Revisión de John Montés

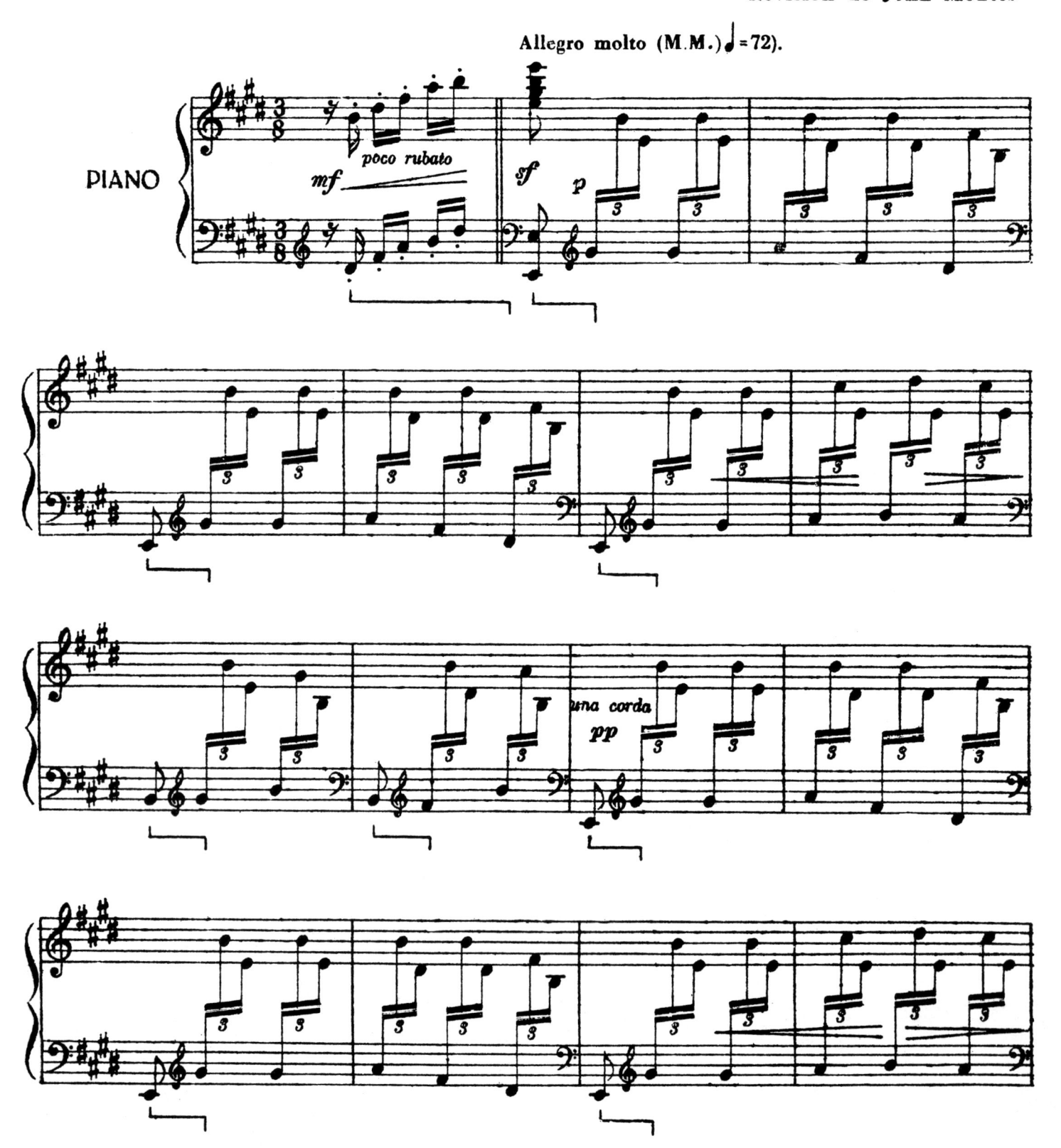

Allegro molto (M.M.) ♩=72.

55

Poco meno (M.M. ♩=60)
ben marcato il canto

mf
tre corde

56

diminuendo
Lo stesso tempo (M.M. ♩.=60)
ben marcato
f
mf cantando
dolce

(poco meno)
p rit.
pp una corda
(tempo I.)
mp tre corde
diminuendo
mf
f

crescendo
p
mf
ben marcato
f
mf cantando dolce
(poco meno)
p rit.
pp una corda

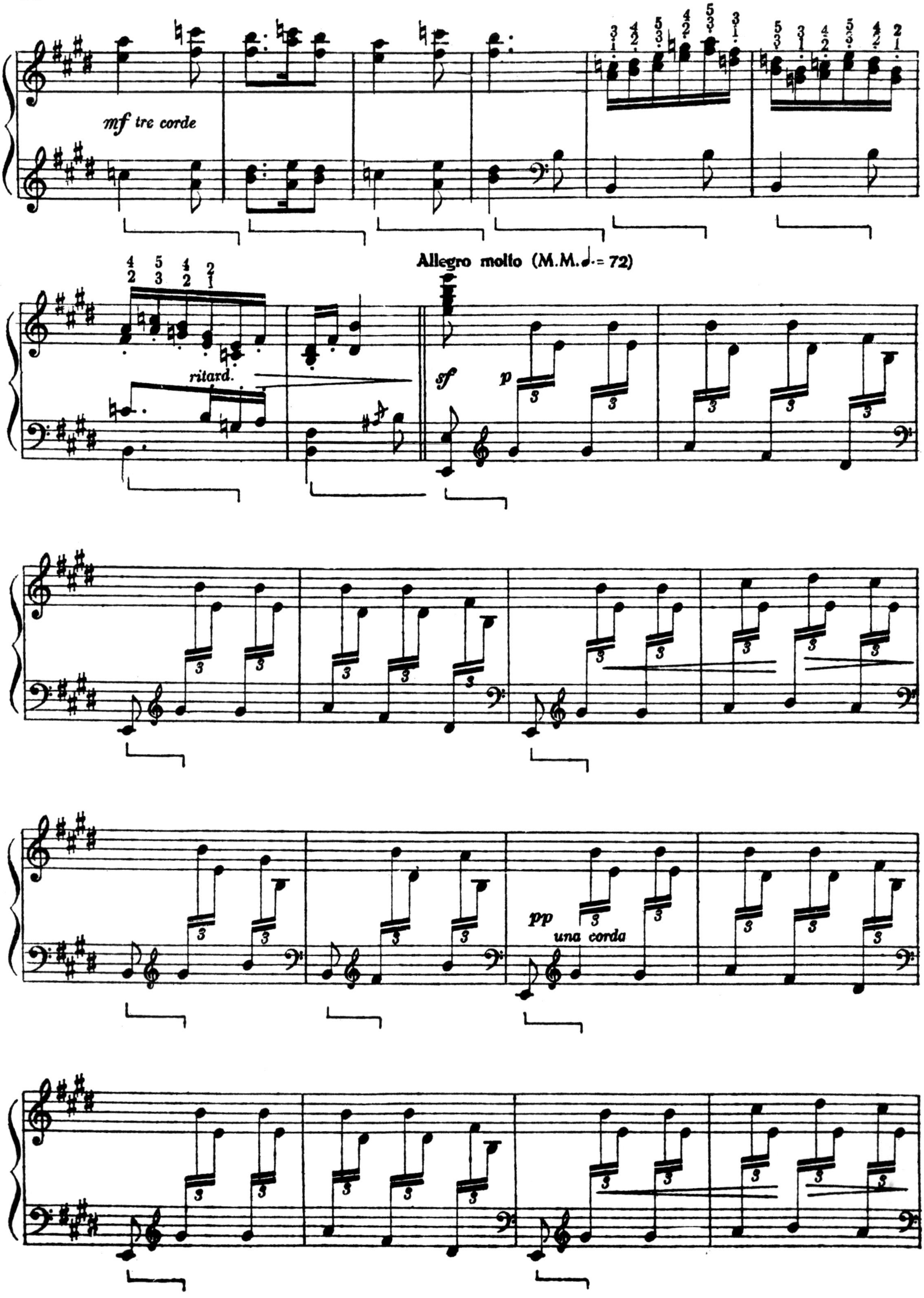
mf tre corde
ritard.
Allegro molto (M.M. ♩. = 72)
sf
p
pp
una corda

Poco meno (M.M. ♩=60)
ben marcato il canto

mf tre corde

p

a) En la edición original este compás se presenta del modo siguiente:

SEP 2 1 2013

HEWLETT-WOODMERE PUBLIC LIBRARY
3 1327 00576 8999

28 DAY LOAN

Hewlett-Woodmere Public Library
Hewlett, New York 11557-0903

Business Phone 516-374-1967
Recorded Announcements 516-374-1667